Escuela de energía Superior SHIn Tao

Sanación Espiritual con Péndulo Consagrado

"Nuestro método"

LA FORMA DE PENDULO MÁS EVOLUCIONADA

Instrumento - Herramienta

Domingo A. Montes G.

Comité de Sanación

Sanación Espiritual con Péndulo Consagrado, "Nuestro Método" - La forma de péndulo más evolucionada

28/08/2020

Imagen de la portada: Péndulo convertible de acero

Las imágenes sin referencia, son de propia autoría

Copyright 2020, Domingo Alberto Montes Granado

Creative Commons BY-NC-SA

Términos de licencia en el siguiente vinculo:

https://creativecommons.org/licenses/by-nc-sa/4.0/deed.es_ES

Disponible en formato eBook, eBook personalizado y autografiado, e. impresión por pedido.

-oOo-

3

Tabla de contenido

Prolegómeno

Recuerdo todo lo que jugaba con aquella cadena de pepitas, la vi en un exhibidor junto con varias otras, en la entrada de la ferretería del 2do piso del CC ProPatria, me atrajo instantáneamente, entré y pregunté su precio.

- ¿Cuánto cuesta esta cadena?
    - 2,5Bs el metro, chamo.
    - ¿Medio metro, vende?
    - Sí.
    - ¡Démelo!

Y procedí a adquirir flagrante medio metro, la unidad mínima de venta, pero parecía que era del largo del mundo, se enrollaba, se estiraba, daba vueltas de muchas formas, se arrastraba, era látigo, culebra, eslinga, tren, pulsera, collar, presidio, cola y más, que sencillo e inesperado objeto para la expansión de la mente.

La conservé hasta bachillerato, quizá hasta el segundo año, en ocasiones la llevé al instituto Vicente Lecuna, de Colinas de Vista Alegre, para jugar con ella. Luego junto con muchos objetos infantiles, no supe más de ella ni constituyó un recuerdo de importancia, hasta escribir estas líneas. ¿Cuánto potencial se oculta, en lo que nos parece, sobre todo a los adultos, un inocente y disparatado juego infantil? Imposible saberlo. Solo el tiempo y las circunstancias o quizá un buen oráculo lo develarán.

Pasarían muchos lustros, antes de percatarme que aquel objeto tan atractivo para mi infantil atención, era el muy inusual y exigente *Péndulo Ciego*.

Agradecimientos

Agradezco a Dios Todopoderoso, al Espíritu Santo por su amorosa mano de hierro y fuego, al Comité de Sanación y los guías desconocidos que me han llevado a este punto, a Al G. Maning a pesar de la infructuosa intentona epistolar, a Eduardo Benavides por haber publicado su libro de la forma de péndulo Radiestesia, que incluía un péndulo y un sobre de cuadrantes.

Agradezco y mucho, a las dificultades, en ocasiones insólitas, que forjaron a esta forma de péndulo a ser lo que es hoy, a *la Improvisación, la Inspiración y la Premura*, tres maestros muy mal comprendidos por el común de los mortales. A los *cuentos de los viejos*, y a las personas carentes de egoísmo con sus conocimientos, con las que quiso el Cosmos que me cruzara.

Agradezco a la vida, y a los péndulos que han pasado por mis manos, y a los que han salido de ellas.

Agradezco a **Nuestro Método** por abrirse al mundo, en una época en que muchas formas de péndulo, murieron junto con quienes las dominaban.

Gracias, gracias, gracias...

Advertencia previa

Se desaconseja fehacientemente, usar un Péndulo u otros instrumentos similares sin el debido conocimiento o preparación, como si se tratara de un juego.

El Péndulo al igual que la OUIJA, el Alfabeto Siniestro, Charly Charly, juego del vaso y varios otros, apertura portales a otras dimensiones, no todas de alta "vibra".

Esto <u>NO SUCEDE</u> si la persona y/o el instrumento han sido preparados debidamente, ya de forma permanente o para la sesión.

Todas las prácticas y ejercicios contenidos en este texto, dan por sentado que se hacen con un Péndulo Consagrado debidamente a **Nuestro Método**.

En el mismo orden de ideas, **no** deben usar este tipo de instrumento, ciertos pacientes psiquiátricos, fanáticos religiosos, personas timoratas, ociosos, "materias" en bruto, posesos, fundamentalistas conceptuales, retardatarios o quien sea fácilmente impresionable, mucho menos usarlo *por joder*.

Qué esperar de este libro

En este texto, encontrará gran cantidad de conceptos y aprendizajes útiles, que sin duda ampliarán su manejo del péndulo, o lo introducirán plenamente a este mundo si no lo conocía con antelación.

La forma de péndulo aquí mostrada tiene 3 basamentos estructurales, que la distinguen entre el resto, haciéndola la forma de péndulo más evolucionada:

1) Consagración del péndulo, (Consagración a **Nuestro Método**).

2) Ajuste del Cuadro Espiritual (Incorporación del Comité de Sanación).

3) Inducción energética, (energía radiónica, transmitida por el Concrecionador al practicante).

Los tres puntos anteriores están en orden de prioridad. Para el pleno uso de las técnicas de este libro, requiere de las **tres**, si no al mismo tiempo, deberá obtenerlas de forma secuencial, primero tener al menos un Péndulo Consagrado, luego hacerse Ajustar el Cuadro y por último la inducción energética. Todo esto se hace en una sola tanda en los talleres presenciales o virtuales, en casos excepcionales que así lo requieran, puede perfectamente hacerse por separado, manteniendo invariable el orden ya explicado.

¿Qué es el Péndulo?

Gran Péndulo de la Catedral Metropolitana
México DF, Wikimedia Commons.
Diego Delso, delso.photo, Licencia CC-BY-SA

Por definición, un péndulo es un objeto que cuelga en el aire, sostenido por una línea. Viene del Latín **pendŭlus** ó **pendulum.** De acuerdo al Diccionario de la Lengua Española, la acepción mecánica es un *Cuerpo grave que oscila suspendido de un punto por un hilo o varilla*, la definición antigua es: *Que pende, pendiente.* Es la primera definición la universalmente aceptada, sin embargo, en mi propia experiencia no cubre por completo lo que a fines prácticos un péndulo *es.* Así que a lo largo de este material, nos quedaremos con la definición antigua: *Algo que pende*, o en perfecto criollo, **algo que cuelga**.

Primero que todo es una Herramienta e Instrumento de trabajo espiritual.

Utilizado para obtención de información u orientación, es decir prospección, es un <u>instrumento.</u>

Utilizado para sanación espiritual y reprogramación emocional, es una h<u>erramienta.</u>

¿Qué es un Péndulo Consagrado?

En breve, es aquel que se consagra para el trabajo de sanación espiritual. El acto de consagración no debe ser confundido con la programación, la bendición ni el bautizo, procesos distintos empleados en algunos péndulos. La consagración le confiere ciertas características que iras descubriendo a lo largo de este documento.

Al llegar al nivel "elaboración" y construir los primeros péndulos consagrados, la elaboración de otros tipos queda vetada para el operador, no así su uso.

Después de zapato, nadie quiere chola.

Refrán margariteño

Un Péndulo Consagrado es resistente a influencias externas distorsionadoras, y avisa cuando estas se presentan, trabaja solo para el bien y la luz, es un canal adicional de energía sanadora y su precisión y porcentaje de certeza es mayor.

El Péndulo como mancia o instrumento

La adivinación es la creadora, de la amistad, que existe entre los dioses y los hombres, porque sabe todo lo que hay de santo o de impío, en las inclinaciones humanas.

Erixímaco

El Péndulo como instrumento es *de facto* una mancia. Arrojando claridad sobre lo que se desconoce, dispersando dudas, llenando vacíos de conocimiento.

Con este instrumento, es posible dar los primeros pasos en la larga ruta del auto conocimiento, o profundizar los ya dados.

Sólo alcanza el autoconocimiento el que emplea los medios adecuados para ello.

Yoga Vasishta

Sus partes

El péndulo más básico consta de la masa y una línea.

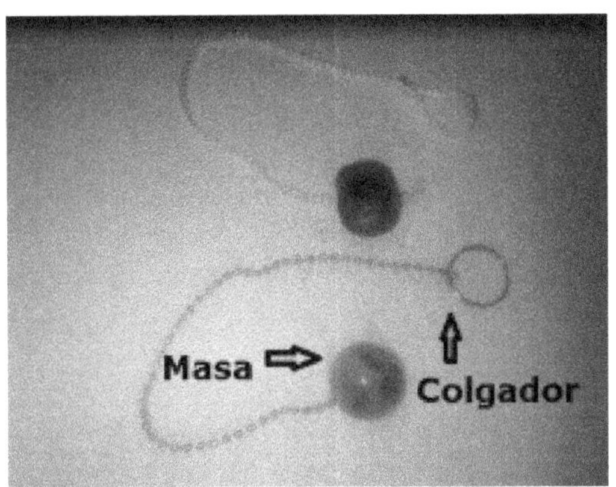

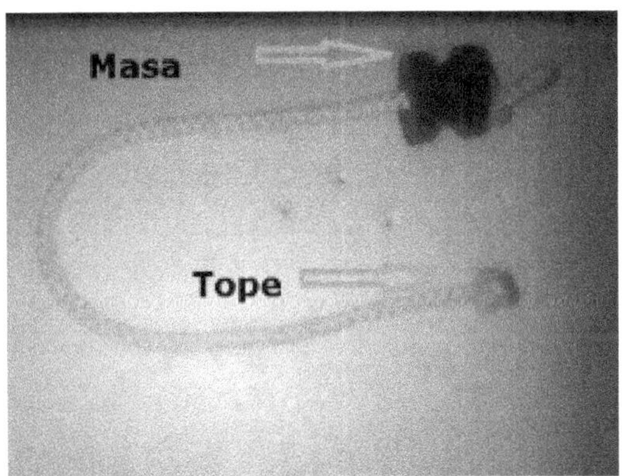

Opcionalmente puede tener un tope en el extremo contrario, este puede asumir la forma de un nudo, piedra, arandela, canuto, argolla, asa, etc. La función de dicho tope es, evitar que se nos caiga por cansancio, descuido o intensidad del movimiento. En otras formas de péndulo, algunos más sofisticados tienen varios topes a lo largo de la línea, con el fin de regular su longitud con precisión.

También puede tener colgador, lo cual es una argolla o asa, para comodidad del operador o colgarse del porta péndulo de pedestal. El colgador asume a su vez, como es evidente la función de tope. Algunos practicantes usan el colgador para pasar el dedo por él, y sostener así el péndulo para evitar caídas, sobre todo en trabajos particularmente largos o intensos, también en los pequeños péndulos de uso disimulado.

De todas estas partes la preponderante es la masa.

Algunos muy interesantes poseen incluso accesorios, cámara de testigos, o cámara de carga [1]. En los legendarios de aguja la cámara se llama Cámara de Secreto. También existen los "convertibles", lo sé porque tengo uno, y es el único que he visto hasta ahora con dicha característica.

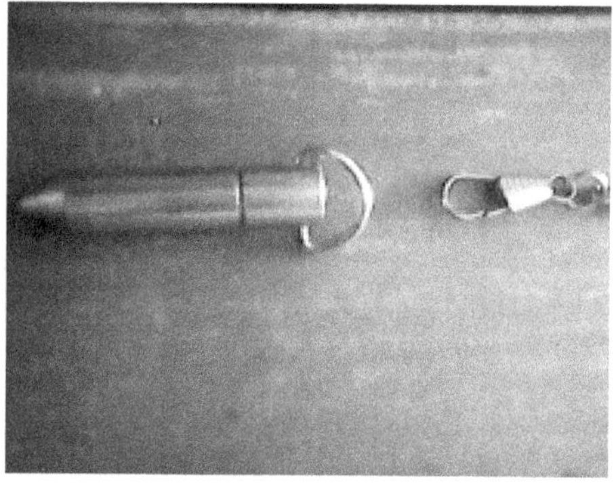

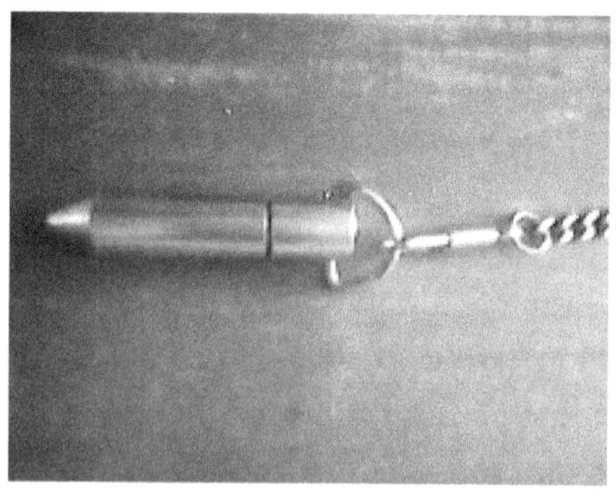

Péndulo convertible, de masa a ciego

Si se diera el caso que confundiéramos el tope con la masa, es fácil reconocerlos porque la masa *SIEMPRE* es la de mayor peso. Algunos parecieran tener doble masa, pero lo ubicado más al extremo es un suplemento. El suplemento cubre algunas funciones, como aumentar ligeramente el peso de la masa, o combinar diferentes cualidades de los respectivos materiales, e incluso como enlace remoto de un operador.

Masa con suplemento

En **Nuestro Método** se desarrolló el Péndulo de Compresión Astral, cuya masa está constituida por dos aros separados por un resorte, añadiéndole una dinámica inusitada al día de hoy, esto es posible debido a la Inducción Radiónica, que permite levantar con facilidad.

Péndulo de compresión Astral

Recapitulando las partes:

- Masa, esta sería el péndulo en sí.

- Línea y/o varilla, de la cual el péndulo se sostiene.

- Tope, para comodidad del operador, e incluso adorno.

- Suplemento: Un añadido a la masa, con un <u>mínimo</u> de peso adicional.

- Uniones, si es el caso, para enlazar masa con línea y línea con tope/argolla, la función de la unión es garantizar la fluidez del movimiento.

- Opcionalmente colgador.

- Eventualmente accesorios, como el compresor o las chaquetas.

De todos estos elementos el más pesado debe ser la masa.

Comité de Sanación, Cuadro Espiritual, ajuste del Cuadro

Comité de Sanación: Grupo de entidades espirituales que actúan en el proceso prospectivo (Instrumento) y sanador (Herramienta) con el péndulo. Está constituido por Ángeles/Arcángeles, nuestro Yo Superior, Devas, Espíritus de Luz, Maestros Ascendidos y el Espíritu Santo, entre otros. Además de los Cuadros Espirituales del operador y de la persona tratada. Aun cuando la disponibilidad de estos seres es ilimitada, solo trabajamos con los que se requieren en un momento y caso particulares.

El trabajo con el Comité de Sanación no interfiere ni se contradice con la mayoría del Cuadro Espiritual de la persona, ni con los espíritus Familiares [9].

Cuadro Espiritual: Ancestros Sanguíneos [10], Guías, Gurús que se esté en el Ashram, Maestros, protectores, custodios e instructores. Nacemos con un cuadro base que evoluciona junto con nosotros a lo largo de nuestra vida. En **Nuestro Método** el Comité de Sanación se incorpora al Cuadro Espiritual del operador, lo que implica su ampliación y elevación, a esto se le conoce como Ajuste del Cuadro. El detalle de su constitución escapa al alcance de este material, solo debo decir que se trata de algo por lo general privado y nunca de dominio público.

Inducción Energética

En Nuestro Método usamos la Inducción Energética del operador, para acelerar una buena parte del camino, mediante ella el trabajo se vuelve más fácil y fluido, y la energía manejada durante las prospecciones y su uso como herramienta es mucho, mucho mayor.

La inducción energética es transmitida por aquel que haya alcanzado el nivel de Dominio.

Esta inducción se inicia con el Concresionador de **Nuestro Método**, y a partir de allí a las subsiguientes generaciones.

Esto es posible gracias al llamado *Logro de OrO*, realizado por mí en otras evoluciones.

Tipos de péndulo

La variedad de péndulos es enorme, puede incluso considerarse limitada solo por la creatividad del ser humano. Pueden seguirse varias clasificaciones:

En cuanto a su función:

Anti estrés[2]

Pendulo antiestres, pxhere.com, Creative Commons CC0

De prospección

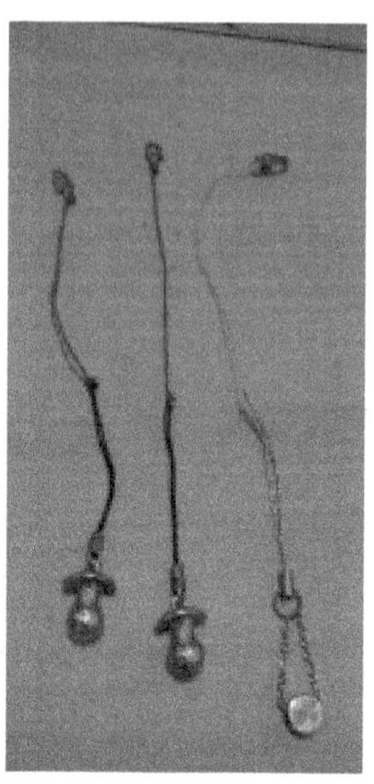

De reloj

Reloj de pared, pxhere.com
Creative Commons CC0

De albañil

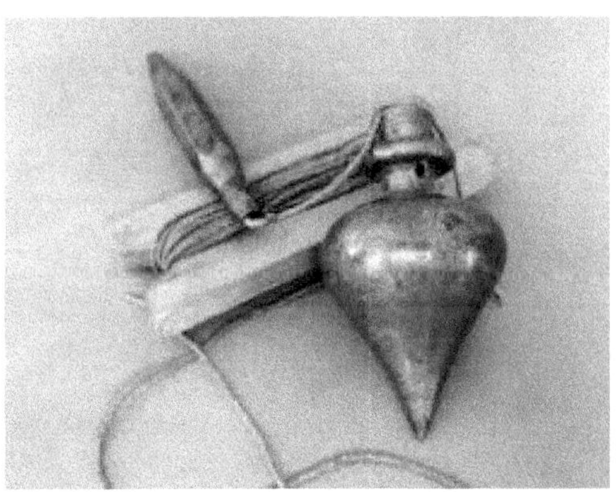

La plomada, pixabay.com, diane290

De hipnosis

Reloj de bolsillo hipnosis, pixabay.com, geralt

Universales

Péndulo Universal
Wikimedia commons, Wouter Hagens, CC

De irradiación

Péndulo Nueva Era en oro
pixabay.com, ingplu

De protección

Cuarzo turmalina sin cuello
pixabay.com, locaporelblanco

Trazador

FotoEmotions, Pixabay

Decorativo

Pxhere.com, CCO Dominio Público

Por el material de que están constituidos:

Esto vale tanto para la masa como para la línea y el tope/asa.

Pueden ser de plástico, madera, resinas, metales, piedras semipreciosas, aleaciones, piedra, arcilla, piedras preciosas, cerámica, metales preciosos, acero, goma, vidrio, imán, hierro, etc. Todo esto según las preferencias del operador y/o el uso que dará al péndulo.

Si desea utilizar un cristal, debe descartar los que hayan sido perforados, y preferir los que tengan un engaste para sostenerse. Tampoco sirven astillados o con roturas por impactos.

En los péndulos confeccionados personalmente por mí para los practicantes, he incorporado a su vez, elementos naturales como semillas o pepas.

La línea puede ser de nylon, cordel natural o sintético, de cadena, incluso de su propio cabello trenzado. En mi experiencia utilicé con éxito gomas elásticas, cables, correas, alambres recogidos de la basura, ramas, flejes y otros, incluidos muchos casos en que eran de todo menos líneas rectas.

Es de resaltar que en **Nuestro Método**, se usan materiales que no son aceptables en la Radiestesia y algunas otras formas de péndulo, y al mismo tiempo hay materiales y procesos que son inaceptables, revise el capítulo correspondiente.

De acuerdo a la forma de la masa:

¡Obviamente en forma de péndulo!, lápiz, esfera, argolla, circulo, cruz, trompo y una gran variedad de formas, cuyo factor común es la simetría. Aunque he operado con masas francamente amorfas, bajo el Maestro de la Improvisación, esto no es recomendable ni es lo usual.

Pendule, pixabay.com, mdefays

La masa varía enormemente de peso, en mi experiencia es más fácil mover una masa muy pesada, que una excesivamente liviana. Cosas del mundo espiritual.

La masa puede incluir una **cámara de carga,** usualmente roscada.

De acuerdo al tipo de línea:

Línea de hilo/cinta/cordón, cadena, varilla o de pivote [3]. Los de varilla o de combinación varilla/cadena son sumamente inusuales de ver.

Según el tipo de simetría de la masa:

Simetría radial. Simetría Bilateral y frontal. En Nuestro Método péndulos con asimetría ligera operan perfectamente.

Péndulos con asimetría ligera

Según su popularidad o bagaje histórico:

En esta categoría estarían el péndulo universal, el de jade, las agujas criollas, egipcio, etc.

Aguja criolla: Tejió la trama de las leyendas en Venezuela y Colombia. Es un tipo de péndulo que en realidad son varios en uno, muy especializado, es uno para *entendidos en la materia*. 100% artesanales, su elaboración y materiales constituyen un secreto. Llegan a costar auténticas fortunas, al punto incluso que no eran cambiados ni por fincas enteras con todo su contenido.

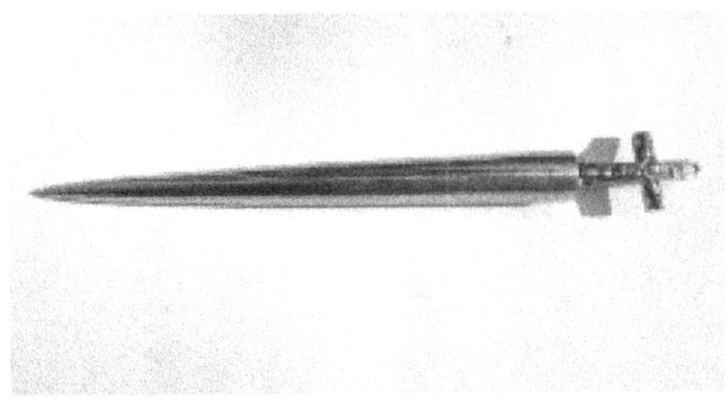

Aguja criolla con Cámara de Secreto

Egipcio

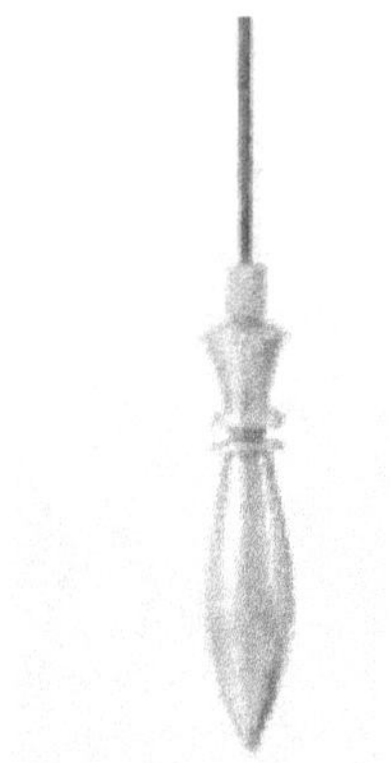

Hebreo

Selección de un péndulo

Si no fuera igualmente cierto que, ¡el péndulo lo escoge también a Ud.!, cuando selecciono un péndulo para alguien, entre otros que son similares e incluso idénticos, le pregunto directamente *¿Quieres trabajar con fulano de tal?*, y selecciono el que muestre mayor potencia de giro.

Como norma, en cada ocasión que llega a mis manos un instrumento radiestésico, por ejemplo prestado o porque me lo están enseñando, <u>siempre</u> lo primero que hago es preguntar *¿Quieres trabajar conmigo?,* aun cuando jamás he recibido una respuesta negativa.

Los péndulos pueden llegar a nosotros a través de cualquiera de las **7 formas** de que algo sea nuestro, a saber:

- Adquirido.
    - Regalado.
    - Encontrado.
    - Sustraído.
    - Aportado.
    - Fabricado por nosotros.
    - Intercambiado.

El criterio de selección es enteramente dependiente del operador, según el uso que quiere darle, la discreción requerida, el presupuesto disponible, la disponibilidad de tales artilugios en su zona, la afinidad sentida al verlo entre otros péndulos, etc.

Los péndulos para demostraciones, dar clases y así, suelen ser sofisticados y concebidos en su presentación para lucirse, sin embargo no ha sido este jamás el caso en **Nuestro Método**, ni debe serlo.

Puede ser seleccionado por el operador, por otra persona o por un ser de luz. Veamos con un poco más de detalle, las 7 formas:

Adquirido: Es decir comprado, en este caso suelen haber variedad de opciones, en vitrina, manta o página web, pregúnteles directamente *¿Cuál quiere trabajar conmigo?,* seleccione el que sienta con mayor intensidad. Algunos literalmente, por lo general de cristales, casi brincan sobre el operador.

Regalado: Aquí pueden ocurrir ambos casos, una sola opción o múltiples.

Encontrado: Se trata de una única opción, nos conseguimos el péndulo en los sitios y momentos más inesperados, en ocasiones con todo y estuche. Estos son muy valiosos, no solo por ser un regalo del Cuadro Espiritual, sino porque heredan todo el *kilometraje* de trabajo del o los dueños anteriores.

Sustraído: Por medio de la audacia, siempre sin violencia.

Aportado: Por aporte y también por transporte [4].

Fabricado: Aplica solo si es fabricado por nosotros mismos.

Intercambiado: Dando y dando, por otro péndulo u otro objeto y/o servicio, nunca dinero.

Uso y cuidado

Péndulo magnético, CC-By-2.0
Fondo Antiguo de la Biblioteca de la Universidad de Sevilla

Su péndulo es **suyo**, de uso personal y preparado para Ud. no debe prestarlo ni exhibirlo vanamente.

Es imperativo que esté guardado en un estuche, bolsa o porta péndulo.

Varios péndulos pueden compartir el estuche o porta péndulo, siempre que sean de la misma persona. El estuche puede ser perfectamente transparente, sin embargo el bagaje cultural suele impedir que se seleccione dicha opción. Tampoco requiere ser hermético.

Dependiendo de la personalidad y poder adquisitivo del operador, el estuche puede llegar a ser muy sofisticado o con valiosas incrustaciones, lo cual nos lleva a los estuches criollos, aquellos heredados de *los viejos que sabían*, estos son: ¡El bolsillo izquierdo de la camisa y la mano pelada!, es sabido entre los entendidos de los legendarios péndulos aguja, que los mismos, guardados en el bolsillo, se movían por si mismos ante la presencia de un entierro o botija, formando esta característica la trama de incontables leyendas en Venezuela y Colombia.

En cada ocasión que se saca para utilizarlo, los primeros movimientos son de limpieza y desbloqueo como norma, a esto se le llama <u>verificación</u>.

Terminado el trabajo, debe volver a su estuche.

<u>**NUNCA**</u> se coloca directamente sobre el suelo, ni sobre muebles de roca, mampostería o granito, debido a que la tierra empieza a comerse de inmediato la carga.

Si se da el caso que quedara por un tiempo en el piso (más de 59seg), fuera del estuche o presentara un comportamiento irregular, es necesario dedicar una sesión a limpiarlo y/o re-consagrarlo nuevamente.

<u>Una vez Consagrado, el péndulo debe ser tocado/utilizado por 1ra vez, exclusivamente por el propietario.</u>

Debe evitarse todo lo posible que sea manipulado por terceros, y menos aún por personas que, no sean operadores de alguna forma de péndulo.

En el mundo de la magia, existe una forma de cuidarlo llamada oculto a la vista, en la cual el péndulo es disimulado bajo la forma de algún accesorio de joyería, e incluso de un amuleto o protección, no es el caso de Nuestro Método, aquí los únicos válidos son su estuche, la mano cerrada, y el bolsillo de la camisa/blusa, no pantalón, no short, no zapato.

Longitud de la línea

Tradicionalmente se ha considerado, que una línea muy larga o muy corta es impráctica, sin embargo en nuestro caso, eso se ha suavizado con la intensidad de la **fuerza radiestésica inducida,** y posteriormente mejorada con la práctica; Siendo preferible que sea larga a que sea corta, ya que el sobrante de la línea se puede recoger en la mano según la necesidad del momento; Pero si es muy corta, es imposible desde luego estirarla. Aquí surge de nuevo, la sabiduría criolla, con su refrán: *Es mejor que sosobre y no que sofalte.*

El espacio disponible, la posición del brazo y la discreción, son puntos importantes a la hora de determinar dicha longitud, en los casos de líneas de oro cochano, platino, plata, gold filled, etc. el costo es también un factor importante, así como la comodidad del operador. El concepto de "longitud optima de trabajo predefinida" no forma parte de nuestro sistema, a veces se trabaja más largo, otras más corto según los requerimientos del momento, e incluso del espacio físico disponible.

Otro detalle importante es que lo que debe colgar es la masa, y no la línea, ver la imagen de la portada interior del libro.

Nuestro Método

De niño me encantaba una cadena de bolitas como juguete, de esas que solían traer los cortaúñas. Llegué a tener incluso una con ese fin hasta 2do año del ciclo básico común. Hacía de todo con ella, menos utilizarla como un péndulo o cualquier otro tipo de oráculo. Me encantaba, al punto de reunir de la merienda para comprar 1/2m en una ferretería del CC. Propatria.

Mi primer encuentro real con este tipo de sistema fue en los años 80s, en casa de un primo, en el estado Carabobo, en el cual utilizamos el cabello de una chica y un anillo de oro, forma popular y transmitida de boca en boca entre los jóvenes curiosos, prima de la **OUIJA**. Alguien lo sostenía y hacia preguntas que eran respondidas por este artefacto improvisado con movimientos trémulos, era lento y lleno de tensión: La cosa no terminó muy bien en aquella oportunidad, porque en cierto momento, todos nos paramos y la chica del pelo se quedó sentada. Me fui a mi casa y al rato se oían los gritos de mis primos, a la chica se le había pegado *algo* que no pudimos sacarle, y fue necesario llamar a mi padrastro, quien solucionó en breve y nos dio un *jarabe de lengua*.

En un cierto momento pude hacerme con el famoso libro de Rodolfo Benavides, el cual incluía un Péndulo Universal clásico, muy distinto del moderno, que parece más bien un giroscopio, y una serie de cuadrantes muy interesantes. Mis avances fueron mínimos y erráticos, con un alto porcentaje de frustración, no por la radiestesia, si no por mi propio desempeño.

Posteriormente en mis prácticas de Magia Blanca Ceremonial retomaría ese mismo péndulo, ya que era uno de los instrumentos imperativos en los rituales. Fue allí en el altar, que los movimientos se hicieron cada vez más vigorosos y amplios, en cuestión de días, al punto que el péndulo quedaba en vacío y caía de golpe; continúe practicando y llegó el momento que alcanzó los 360° ¡en vertical!, en un cierto momento alcanzó tal fuerza que se reventó la cadena, y el péndulo también al estrellarse durísimo contra la pared más alejada del cuarto, así se hizo literalmente pedazos.

Pasaría un tiempo hasta que en televisión observé una reconocida artista venezolana trabajando con TRE (Terapia de Respuesta Espiritual), y el péndulo vino a mi memoria, junto con el recuerdo de la *intensidad y fuerza* manifestadas años antes. Era evidente que para señalar en un cuadrante, cualquiera que este fuera, no era necesaria una amplitud de movimiento a tal grado; vi varias personas de diferentes áreas dentro de la espiritualidad trabajando con péndulo, ciertamente algunos lo movían más que otros, pero en ningún caso vi ascensiones totales en vertical y horizontal, ni tampoco el giro invertido. A lo largo de más de 14 años tuve la oportunidad de trabajar el péndulo, reservándolo en presencial para las personas más cercanas. Durante este lapso, quiso la Voluntad Divina que trabajara casi totalmente con un Péndulo Ciego[5], uno de los considerados más difíciles e inusuales, pero a mi parecer el más humilde en su constitución, al punto que con solo verlo nadie lo considera uno, ese péndulo fue encontrado con todo y estuche, una noche, el estuche era negro. Muy ocasionalmente utilicé uno muy pesado, realmente casi una exageración, impensable como tal, de bronce macizo, el cual movía también en giro total. Durante ese lapso se me fue revelando de forma paulatina la forma de operación que desembocaría en **Nuestro Método.** Entre otros aspectos sorprendentes, el hecho comprobado que, es más fácil mover un péndulo muy pesado que uno muy liviano.

Invito al lector a informarse sobre el péndulo de Foucault, con mucho el más pesado del mundo, utiliza para moverse la energía giratoria del planeta.

Contadísimos con los dedos de un mocho, fueron los que recibieron de mi parte instrucciones sobre péndulo y menos aún sobre su consagración. Aun cuando dicté talleres, charlas y entrevistas en variedad de temas, incluyendo sistemas esotéricos en el centro, oriente y occidente del país, nunca hasta el 2017 la técnica de péndulo había sido liberada. Cuando empecé a redactar este material, pensé que nombre debía tener el sistema y se me indicó por el Comité de Sanación es **Nuestro Método**.

Con frecuencia necesité hacer alguna prospección, pero sin tener a mano el péndulo, por lo cual improvisé con *cualquier cosa que colgara*, incluyendo algunas que podían rayar en lo absurdo, y que se asemejaban a todo, menos a un péndulo, incluyendo llaveros, materos, morrales, trozos de cable recogidos de la basura, ropa y así.

"No debes depender de un péndulo en particular"

Así mismo estas experiencias ocurrían en la calle, con presión de tiempo, incomodidad física, usualmente sin aviso previo, extraños en las inmediaciones, interferencias, griteríos; dentro de vehículos en movimiento, bañado en sudor, achicharrado por el sol, y toda clase de dificultades y situaciones adversas, pero siempre con resultados favorables. La Luz me mostraba que era posible actuar sin necesidad *sine qua non* de ambientes ideales, preparación previa, rituales de apertura, etc. Y estas cualidades serian transferidas a quienes recibieran el método directamente de mí [6].

"No se requiere orientación geomagnética [7]"

"Se opera indiferentemente con ambas manos, aun cuando la mano dominante es más proficiente"

No es radiestesia.

El operador es lo importante, sin operador ningún péndulo trabaja. Cualquier péndulo sirve si ha sido consagrado al servicio de la luz, y si es usted quien así se consagra, cualquier péndulo hará el trabajo.

Usualmente, el trabajo con este tipo de herramientas suele ser largo [8], por razones diversas, sin embargo con el propio manejo, me fueron mostradas algunas formas de *recortar* el trabajo, particularmente en la parte de prospecciones y cuadrantes. Ya la evolución de las formas de péndulo, manifestaba de por sí, la presencia de la aceleración y recorte, presente por demás en la evolución planetaria.

En **Nuestro Método** la potencia de un Péndulo consta de 4 factores:

1) El Operador (Su nivel evolutivo, potencia radiónica y su Cuadro).

2) Los materiales con que fue construido (Aportan sus características).

3) El aspecto simbólico/sugestivo. Junto con las vestiduras y chaquetas.

4) La debida Consagración.

Describir

Es una característica propia de **Nuestro Método**. De hecho al recibir un nuevo Péndulo Consagrado, es de rigor hacer la propia descripción, a veces he dado descripciones de péndulos de otras personas luego de consagrarlo, por tener alguna característica particularmente llamativa.

Por tanto el primer uso del péndulo, consistirá en su descripción.

También quien posea el Dominio, puede describir el péndulo de otro practicante que se encuentre trabado con esa parte, o su descripción sea muy escueta, cosa que pasa con frecuencia.

La descripción engloba, pero no se limita a:

a) La sensación cualitativa del péndulo mientras trabaja.

b) Aspectos simbólicos, conceptuales y emocionales de sus componentes o la forma en que llegó a nosotros.

c) Características de los materiales con los que está hecho y aspectos prácticos.

Si en la selección del péndulo, ya se establecía una relación con el operador, al describir, está se profundiza. Quien domina el describir, con solo ver un péndulo de lejos ya determina sus capacidades y cualidades.

Bautizar el Péndulo

Al haber establecido uno o más péndulos favoritos, que durante un tiempo han trabajado bien, para algunos operadores, el siguiente paso en su relación es bautizarlo.

Bautizarlo consiste en darle un nombre el cual lo identificará, este nombre debe cumplir ciertos requisitos:

- No es un nombre público, solo debe ser conocido por un círculo cerrado de personas, incluso solo por el dueño, si así lo estima oportuno.

- Debe ser descriptivo de sus cualidades de trabajo, de la forma en que llegó a nosotros, o de alguna sanación destacada.

- Evitar nombres de gente, deidades o animales.

- Ni que decir que no se deben utilizar nombres obscenos, denigrantes, remoquetes, involutivos, etc.

Ejemplos de nombres:
    "Surgido de las aguas"
    "Esplendoroso asistente"
    "Rotundo triunfador"
    "Certera respuesta"
    "Acción decisiva"
    "Resolvedor eficiente"

Una vez que hemos elegido el nombre a asignar, tomamos el péndulo entre nuestras manos, al sentirlo por completo, decimos *Yo te bautizo como: (Aquí decir el nombre)*, mantenerlo en las manos unos instantes y al abrirlas, dejar caer unas pocas gotas de agua sobre el mismo, y dejarlo hacer algunos giros con su nuevo nombre. Guárdelo en su estuche.

El péndulo ya fue bautizado. Esto es algo a criterio individual y por completo opcional. Puede ser hecho por el operador o por alguien con el nivel Dominio, esta última opción es muy popular.

Estado mental y emocional para el trabajo

- Calmado, en paz contigo mismo y los demás; relajado y con actitud positiva, consciente de que la Luz Divina y el Comité de Sanación están contigo en todo momento.

- Debe desecharse todo prejuicio, dogmatismo e ideas preconcebidas.

- Sin _paciencia y determinación_ estás condenado al fracaso.

- **NO** cruzarse de cuerpo ni de mente.

- Ejecutar con humildad y carentes de todo egoísmo.

- El exceso de expectativa es _siempre_ contraproducente.

- Es imprescindible una mente concentrada pero fluida, la postura mental y espiritual, tiene preponderancia sobre la postura física/situacional.

- Debe dejarse que la respuesta fluya libre desde el Comité de Sanación, y no contaminarla con las propias ideas, concepciones o expectativas, o peor aún las de otros.

Proclamo con todas mis fuerzas que el mejor estado es el estado libre de pensamientos, carente de conceptos o ideas. Este estado es infinitamente superior al dominio del mundo.

Yoga Vasishta

- La fatiga crónica, cansancio excesivo, fiebre con delirio, taquicardia, histerismo, pujos, emperramientos y similares, no son el estado adecuado para las prospecciones.

- Ni que decir que la actitud debe ser la adecuada.

Muchos pensamientos hay en el corazón del hombre, más el consejo de Jehová permanecerá.

Proverbios 19:21

Restricciones y Prohibiciones

NUNCA usarlo mientras se está bajo el efecto de emociones discordantes, estrés excesivo, fatiga crónica, depresión, desesperación, angustia, histerismo, episodios celópatas, paroxismo, obnubilación, fijaciones, emperramientos, arranques de malcriadez, paranoia, ni bajo el efecto de drogas, alcohol, psicotrópicos, estupefacientes, o episodios psiquiátricos de cualquier tipo.

- **NO** hacer prospecciones sobre la propia relación sentimental, si se está enamorado o emocionalmente comprometido.

- **NO** utilizarlo en temas que nos resulten chocantes, o que nos sintamos involucrados al grado de perder la objetividad.

- <u>¡**NUNCA** usarlo para Preguntar **PENDEJADAS!**</u>

- **NO** intentar prospecciones, sobre asuntos que no nos conciernan.

- El invite y azar, competencias, rifas, parley, animalitos, maquinita, poyas, rifas, "conti tumba", carreras, quínela, etc. están decididamente excluidos de las prospecciones.

- **NUNCA** utilizarlo para contactar entidades negativas del bajo astral, magos negros, burlones, sombras, larvas, esqueletos, muertos (dobles etéricos), nfumbis, prendas, etc.

- Salvo el periodo inicial de práctica y/o demostraciones, **NO** hacer prospecciones sobre información que pueda ser fácilmente obtenida por medios convencionales.

Convención

Convención significa, la forma visible en que el péndulo se comunica con nosotros, y esto es básicamente a través de movimientos de diferentes tipos.

Aun cuando se estila determinar la propia convención, por razones prácticas hemos adoptado una convención en particular, así todos hablamos el mismo idioma.

Adicional a los movimientos respectivos, la intensidad/amplitud del movimiento forma parte de la comunicación, así como la sensación cualitativa.

"La convención es universal en Nuestro Método"

"Todas las referencias son con respecto al operador"

Movimientos lineales o rectos: Indicadores de respuestas de múltiples opciones.

Giro horario (Derecha): Positivo. Futuro.

Giro anti horario (Izquierda): Negativo. Pasado.

La intensidad del movimiento es indicativa de que tan positiva/ negativa es la respuesta. Siendo el máximo propio un sí/no rotundo.

Recapitulando, cuatro formas de comunicación:

- Movimiento e Inmovilidad.
- Amplitud.
- Intensidad.

- Sensación cualitativa.

Es esta última la que proporcionará la mayor fluidez en la lectura de las respuestas, y mayor profusión de detalles, siempre va en combinación con las primeras tres.

Respuestas

El uso del péndulo como instrumento, tiene una razón: Obtener respuestas.

Estas respuestas están limitadas solo por lo que nos es dado conocer, sea de nuestro ámbito o de otra persona, institución, asunto general, etc.

Solo se producen las respuestas que, en criterio del Comité de Sanación, redunden en beneficio del consultado.

No nos es dado conocer aquello que este fuera del rango de nuestra evolución espiritual actual, ni de nuestra capacidad de procesamiento mental/emocional en un momento dado.

Cuando ella llegó al monte, al hombre de Dios, se asió de sus pies. Y Giezi se acercó para apartarla, pero el hombre de Dios dijo: Déjala, porque su alma está angustiada y el SEÑOR me lo ha ocultado y no me lo ha revelado.

Movimientos pendulares básicos

Inmovilidad: La inmovilidad puede presentarse antes, al principio, al medio, al final y después de cada tarea prospectiva o de sanación.

Así que la consideraremos también un movimiento, solo que con amplitud y velocidad cero. Con tú práctica descubrirás que también tiene carácter cualitativo. Descartaremos la inmovilidad del estuche, ya que, como es evidente, no está trabajando. Algunos péndulos, como el de plomada, deben su aplicación práctica a la inmovilidad más que al movimiento.

Antes: Antes de la prospección/sanación, se presenta como antesala al trabajo, mientras espera nuestra orden mental de iniciar. No se mueve, porque no se le ha indicado nada que hacer. Con el paso del tiempo, a medida que el practicante gana experiencia, este paso sufre un recorte y es omitido, pasando directamente a la verificación.

Al inicio: Es el momento en que iniciamos, pero sin embargo permanece tal cual, en este punto la sensación cualitativa nos indicará cual es el caso.

Al inicio, junto con el giro anti horario, es indicador de que **no** procede la prospección/sanación que pretendemos. Siendo mucho más frecuente lo primero que lo segundo.

También es la respuesta a indagaciones a todas luces (o no) egoicas.

Al medio y final:

En ocasiones muy puntuales, indica a su vez que se **niega** a responder, es el caso de preguntas mal intencionadas, y a veces ante preguntas repetitivas, también cuando se trata de asuntos que no nos conciernen.

El miedo a la respuesta genera inmovilidad.

La inmovilidad puede presentarse en caso de mucha distracción del operador, siendo que ya no está trabajando el péndulo, sino pensando o haciendo otra cosa y por tanto el mismo se detiene o no inicia su movimiento.

Al final de la sesión, se detendrá por indicación nuestra o como señal de que el trabajo finalizo o se debe hacer una pausa. Una vez más este detalle es conocido mediante la integración cualitativa con nuestro instrumento.

Lineales simples: Los movimientos lineales son de carácter prospectivo. Van desde el Horizontal al Vertical, pasando por toda la gama intermedia entre estos.

Lineal sesgado o sesgo: El lineal sesgado, caracterizado por tener más fuerza y distancia hacia un lado en particular, especialmente útil en los cuadrantes de esfera completa. El lado hacia el cual se sesga indica la opción correcta. Según sea el lado más destacado, se clasifica en Simpático o Antipático.

Jalón o Asimétrico: Es un sesgo con particular intensidad, de ahí su nombre. Recordar que la intensidad del movimiento es parte de la respuesta.

Circulares o Giros: Como su nombre lo indica, consisten en dar vueltas.

Sincope o vade retro: El sincope es una alteración brusca del movimiento del péndulo, cualquiera que este sea. Se presenta muy rara vez, y a medida que evolucionó **Nuestro Método**, pasó a ser aún más infrecuente.

Es un indicador de que fuerzas externas pretenden interferir o bloquear el trabajo, pero el Péndulo Consagrado está preparado para resistir y avisar de este hecho.

Al presentarse un Sincope, se debe detener la prospección o trabajo y mediante el mismo péndulo, u otros medios al alcance del operador anular la interferencia, para luego continuar el trabajo de Luz. Una vez superado el escollo, es necesario recomenzar el trabajo como si se estuviera empezando de cero, es decir arrancar con el movimiento inicial y entonces proseguir normalmente.

Errático: Tal y como lo indica su nombre, no tiene forma clara ni definida, se presenta ante preguntas mal formuladas y también ante el despelote mental/emocional del operador.

Los métodos de golpeo y toque

Esto es usado por algunos operadores, es una variación del movimiento de jalón, su uso se da cuando tenemos testigos, muestras o elementos reales, como remedios o cristales etc. los disponemos en forma similar a un cuadrante y el Péndulo literalmente golpea el indicado. Junto con los cuadrantes y los auxiliares nos ayuda a obtener las respuestas adecuadas.

Se incluye aquí como parte de conocer la gran versatilidad de los péndulos, sin embargo no se estila en **Nuestro Método**, siendo superada por los cuadrantes mentales.

El método del toque, es una variante suave, en la cual el péndulo toca y permanece en contacto con lo ya indicado.

El fluir de la línea de tiempo

La misma pregunta pude tener diferentes respuestas en función del tiempo transcurrido. Esto es debido a que las variables de las circunstancias pueden cambiar con el paso del tiempo. Es importante manejar el concepto espiritual de la *fecha de vencimiento,* esta es una da las clases del ciclo de charlas "Apuntes de sanación espiritual".

Ejemplo: Sí en la noche la respuesta a la pregunta ¿Necesita una chaqueta?, es positiva, al otro día puede ser perfectamente negativa, pues ya no hay frio.

En el mismo orden de ideas, si la pregunta es ¿Cuántas horas faltan?, a medida que va pasando el tiempo, la respuesta también cambiará.

El orden de las cosas

Es así, el orden correcto, el cual es invariable:

Obtener el péndulo, por cualquiera de las 7 formas.

Consagrarlo.

Describirlo.

Ajuste del Cuadro.

Inducción energética.

Darle uso.

Darle mantenimiento/bautizarlo/vestirlo.

Esto es un reflejo del orden de las cosas en todos los ámbitos de la vida humana, y de todo cuanto existe.

Preparación y mantenimiento

Independientemente si es adquirido, regalado, intercambiado, encontrado, sustraído, aportado o fabricado por nosotros, al tener nuestro péndulo por primera vez, debe limpiarse y consagrarse, sosteniéndolo entre las manos.

Obviamente si recibimos un Péndulo que ya está consagrado, este paso no es necesario, por estar ya hecho.

Es muy recomendable que la Consagración sea hecha por alguien con experiencia en estas lides, con el nivel de Dominio. Pero si no tienes alguien así a la mano, puedes proceder con:

Oración de Consagración del Péndulo como Instrumento Divino:

En esta Santa Hora, en este Santo Momento, invoco a Dios OMnipotente, a los ángeles, a los santos, espíritus, Maestros Ascendidos y toda Entidad al servicio de la Luz, al Comité de Sanación y mi Cuadro Espiritual en pleno, para que vengan/ vayan y consagren este(os) Péndulo(s) para el trabajo al cual están destinados dentro del Plan Divino. Por la Luz y en la Luz. Derramen en ellos las Virtudes necesarias de prospección y trabajo, inmunidad a interferencias y bloqueos, y alta precisión. Haciéndolos instrumentos adecuados a "Nuestro Método".

Gracias Padre/Madre Eterno porque ya está hecho.

Consagración "Trancada": Se llama así, cuando el péndulo se prepara para funcionar solo con la persona a la cual fue consagrado, sobre todo en Latinoamérica esta opción es muy popular.

Consagración Remota: Deberá colocar sobre una mesa, tabla o altar, un pañuelo o mantel blanco destinado solo a usos espirituales, sobre el mismo colocar el péndulo dentro o fuera del estuche y dejarlo a la hora acordada con quien lo consagrará, luego de consagrado debe primeramente ser tocado por su propietario.

Del testigo a la sintonización

Tradicionalmente un testigo es, una forma de sintonizar con aquello sobre lo cual se quiere hacer una prospección o emisión. Los testigos son variados y requieren de todo un capítulo sobre ellos, pero en **Nuestro Método** usamos la sintonización y el atributo *OM*nisciente de Dios.

Esto significa que Dios y el Comité de Sanación, saben con <u>certeza infalible</u> de que o quien se trata la prospección/sanación.

Implica que aun cuando nosotros ignoremos por completo sobre que o quien se está trabajando, el trabajo se realiza <u>sin falla</u>. En **Nuestro Método** la cámara de testigo, no es necesaria y se transformó en cámara de carga.

Mediante la práctica se desarrolla la plena confianza en esta forma de trabajo.

Cuadrantes básicos para práctica inicial

La variedad de cuadrantes tanto de prospección, protección y emisión es aún mayor que la de péndulos. Esto debido a que cada sistema e incluso practicante, los han creado de acuerdo a sus necesidades o forma de trabajo particular, otros se generaron a través del propio trabajo con péndulo.

Otros nombres para cuadrante son gráfico y carta, inclusive lista. En Nuestro Método solo utilizamos cuadrantes prospectivos y de programación, siendo los más frecuentes, si no los únicos, los Cuadrantes Mentales, no se usan cuadrantes de irradiación pues la energía sanadora viene de los Planos de Luz.. Así que nos limitaremos a esbozar algunas categorías de estos, pero hay muchos otros.

Cuadrantes de media esfera.

Cuadrantes de esfera completa.

Cuadrantes de apuntador.

Cuadrante simplificado por referencia o tabla.

Cuadrantes auto contenidos.

Con el paso de los años, diseñe muchos cuadrantes para imprimir, con el fin de facilitarle el trabajo a los estudiantes que tenían dificultades en manejar con soltura los cuadrantes mentales, estos son etapas intermedias en el desarrollo y no deben usarse como auxiliares definitivos.

Los cuadrantes están agrupados en un pack de cuadrantes imprimibles aparte de este libro.

Inicio y cierre de la sesión

Normalmente iniciamos sacando nuestro péndulo de su estuche, lo tomamos en la mano, y dejamos que realice automáticamente los movimientos iniciales de limpieza y desbloqueo, es decir la **verificación**.

En **Nuestro Método**, estas preguntas:

¿Estoy en condiciones de hacer la prospección?

¿Mis respuestas correctas están al máximo?

¿Existen bloqueos?

¿Existen interferencias?

¿Estoy trabajando con el Comité de Sanación?

¿Me corresponde hacer está prospección/sanación?

¿Estamos listos para trabajar?

Y otras similares, son implícitas, y están ligadas al hecho de tomar el péndulo y darle los giros iniciales, estos giros de "arranque" solucionarán todo lo anterior si lo hubiere, sin necesidad de hacer pregunta alguna o una por una.

"El solo hecho de tomar el péndulo y hacer que cuelgue, pone en actividad todo lo necesario, al recogerlo y guardarlo la sesión culmina"

Esto es norma en **Nuestro Método.**

Acto seguido procedemos con la sesión, o reanudamos una previa. Hacemos las prospecciones, sanaciones, programaciones y terminamos.

Todo se resume en el gesto de tomar el péndulo y el de recogerlo, los cuales como activadores o señales por convención, activan o cesan el trabajo de luz, no se requieren rituales u oraciones, sin embargo el operador puede proceder según sus propias preferencias. Esto es parte de lo que se llama Convección Universal.

Re-Formulación de preguntas

Pregunte siempre en positivo.

Conozca su propio idioma, lo cual no es tan fácil como puede pensarse.

Lo más simple es comenzar con preguntas de respuesta simple: Sí o No. Luego continuar con respuestas de múltiples opciones con un cuadrante. En ambos casos se trata de respuestas cerradas o definidas. Posteriormente continuar con preguntas, cuyas respuestas no sean estrictas, sino más bien probables y experimentar las respuestas que van desde un SI/NO absolutos a un SI/NO débil. Para esto es necesario observar la fuerza o amplitud del movimiento, como forma de comunicación ligada al movimiento, y sobre todo la sensación en nuestra mano que sostiene al péndulo.

Cuando la respuesta es un movimiento errático, significa que la pregunta es poco clara, mal formulada o de respuesta demasiado elaborada, y debe entonces reformularse.

La respuesta es directamente proporcional al estado mental/ emocional de la pregunta, nuestro principal trabajo consiste en no estorbar el flujo de información.

No se recomienda el repetir las mismas preguntas durante la misma sesión, en incluso en sesiones seguidas. Repetir las mismas preguntas, tratando de disfrazarlas con palabras diferentes, tampoco es nada recomendable, ni preguntas mal intencionadas o de retórica rebuscada.

Así mismo largas prospecciones, con decenas de preguntas en torno a un tema único, son clara señal de que no se está en el estado mental/ emocional adecuado.

No leer muchas cosas, sino leer pocas con mucha atención.

Plinio

La consulta recurrente sobre un punto particular, y que no esté seguida de, por lo menos seguir parte de las recomendaciones arrojadas por la prospección, termina por lograr que el instrumento se niegue a responder, ya que es de naturaleza contraria a *arar en el mar*.

Todo lo anterior daña y mina la relación con el instrumento y con el Cuadro.

Toma de decisiones y nivel de confianza

Uno de los usos más frecuentes de las prospecciones pendulares, es la toma de decisiones. Las respuestas obtenidas, las podemos usar para decidir un curso de acción o abstenernos de ella.

A este respecto, la forma en que abordamos este proceso de toma de decisiones entra en varias categorías, según las preferencias del operador o del consultado.

- **Absoluta:** Absoluta confianza en la prospección.

- **Opinión:** La prospección se considera como una opinión más.

- **Opinión de peso:** Entre varias opciones, esta tiene mayor peso.

- **Curiosidad o confirmación:** Ya tomada la decisión, nos gustaría saber que arroja la prospección, solo por curiosidad, pues el proceso de decidir ya cerró.

Ya tengo las respuestas, ¿y ahora?

En una ocasión pregunté a Waite Phillips, uno de los más destacados industriales del petróleo de Oklahoma, cómo llevaba a cabo sus decisiones. Y me contestó:

-Encuentro que pensar acerca de nuestros problemas más allá de cierto punto tiende a crear confusión y preocupaciones. Llega un momento en el que cualquier investigación o meditación ulterior resulta dañosa. Llega un momento en que debemos decidir, actuar y no mirar ya hacia atrás.

Dale Carniege

Recorte de Prospecciones

Cuando se necesitan varios cuadrantes en cascada, índices multi-página y en general prospecciones muy largas, el trabajo con péndulo se vuelve exigente y prolongado, es común ver operadores de Péndulo con gruesas carpetas de cuadrantes, sin embargo el Comité de Sanación ha desplegado varias formas de suavizar esta situación.

Esto se hizo evidente desde el principio con la Autorización Implícita y el Movimiento Inicial. Todos ellos diseñados para ahorrar tiempo y evitar redundancias. Los recortes han estado presentes desde el inicio de las formas evolucionadas de péndulo que pasaron por TRE, recomiendo leer la historia del mismo.

La primera forma es recortar por cuadrantes, un cuadrante de media esfera o esfera completa es mucho más eficiente que una lista lineal, ya que vamos directamente a los positivos, sin tocar nunca los negativos, esto es clave en la espiritualidad en general, el no perder tiempo ni darle fuerza a lo que no interesa ni aporta.

La segunda es recortar por movimiento. Al compenetrarte con el trabajo pendular, descubrirás un punto en cada Movimiento, punto a partir del cual el movimiento está totalmente definido, es decir ya es imposible que sea un movimiento distinto. De tal forma que al alcanzar dicho punto ya sabes que opción está siendo señalada, y no es necesario esperar que el movimiento se lleve completamente a cabo.

La tercera es recortar por continuidad o pregunta implícita.

La cuarta es preguntar con la mente.

El Péndulo como Herramienta

Hasta ahora hemos utilizado el péndulo como Instrumento. En lo sucesivo lo veremos en su otra faceta, la de Herramienta de trabajo.

La inmovilidad en el intercurso de la sanación, significa que hay una pausa en el mismo para luego retomarlo, o bien se detiene un instante para cambiar de giro.

Al final es indicador que el trabajo ya está hecho, o bien se debe continuar en otra sesión posterior. La forma en que ocurre la transición a la inmovilidad indica cual es el caso y debe conocerse mediante la práctica, una vez más esto se conoce por medio de la apreciación cualitativa del movimiento pendular.

Los giros pueden ser horarios o anti horarios, alternándose indistintamente durante las sanaciones.

Limpieza del Campo Energético

Al tener el péndulo colgando y pensar en hacer la limpieza/sanación, si por alguna razón no procede, el péndulo **NO** se moverá o girará en sentido negativo. En este punto es necesario acotar que la diferenciación entre un Giro Anti horario que denota Negación y uno que simplemente está trabajando en dicho sentido, es de carácter Cualitativo y se logra por la compenetración con el trabajo pendular.

Una vez que el péndulo está en movimiento, pensamos en *Limpiar* un sitio, persona o situación, y el trabajo comienza. Al finalizar el trabajo o al surgir una pausa, el péndulo se detendrá por sí solo. Es posible desde luego que nosotros terminemos la sesión porque así lo queremos.

El movimiento usual es el giro, en cualquiera de los dos sentidos. En medio de la sesión el péndulo puede cambiar de sentido de giro una vez, varias veces o ninguna, según sea la característica del trabajo realizado en cada momento.

<u>"El movimiento del péndulo es la manifestación visible del trabajo que se está realizando más allá de lo evidente"</u>

Lo cual nos lleva al siguiente capítulo:

Otros Movimientos pendulares

Todos estos movimientos son de trabajo, y pueden ser horarios o anti horarios.

Ovalo: Similar al Giro pero en forma de ovalo, con diferente inclinación según sea el caso.

Infinito: Es la evolución del Ovalo, en forma de 8 o de infinito, también con cualquier inclinación. Puede ser en un sentido o en el contrario.

Margarita: La que sigue al Infinito, el péndulo se mueve describiendo una margarita de muchos pétalos interconectados.

Giro Máximo: La máxima elevación posible en el plano horizontal, cercano a los 180°, completo y total despliegue de la emanación sanadora. En prospección es un SI/NO rotundo.

Giro Vertical: Alcanzado el Giro Máximo, la intensidad del trabajo exige cambiar de plano, tanto por la potencia desplegada como también por comodidad del operador.

Giro Invertido: Aun más allá del Vertical, es un Giro Horizontal con el péndulo por encima de la mano. Es muy poco frecuente, requerido para el nivel Dominio.

Movimientos de transición

Espiral: Surge muy ocasionalmente, puede ser dextrógira o levógira y también describirse en sentido centrípeto o centrifugo. Se considera una etapa intermedia en la variación de intensidad de los Giros.

Látigo en caída: Caso que ocurre en el preludio del Giro Vertical, cuando aún no se vence la fuerza de gravedad, o por el contrario la fuerza radiónica disminuye. No se le puede considerar un Movimiento en sí mismo.

Dichos movimientos surgen indistintamente durante el trabajo pendular según los requerimientos del momento, pero no se les asigna algún significado o interpretación en particular a cada uno de ellos.

El chequeo

Se trata aquí de revisar si el trabajo está listo. El chequeo puede ser tanto implícito en la sensación en nuestra mano, como explicito por medio de las respectivas incógnitas.

El chequeo es importante. En el génesis la creación fue chequeada cada día.

Balanceo de Chakras

Sin usar un Cuadrante pensar *Balanceo de Chakras*, y el proceso tendrá lugar, desde el 1er Chakra que esté desbalanceado, luego el siguiente y así hasta el último. Esta práctica es importante debido al siguiente detalle: El conocimiento de los Chakras <u>NO</u> es el nuestro, sino el del Comité de Sanación, existen alrededor de 500 de estos centros en el cuerpo humano, y la mayoría de las técnicas de balanceo se enfocan en los principales y muy escasas en los secundarios, pues bien aún el número de ellos varía según la escuela en 7,9 o 12, pero además de esto, el que sean el mismo número ¡no implica que se trate de los mismos en todos los autores!.

Afortunadamente este difícil escollo no representa problema alguno, pues la actividad sanadora está allende nuestro conocimiento.

En **Nuestro Método** no es necesario que la persona esté acostada y pasemos el péndulo sobre ella.

Sanación Espiritual

El movimiento inicial es el mismo que para las prospecciones.

Solo piense en el aspecto deseado y deje que el péndulo haga su trabajo.

En **Nuestro Método**, se puede utilizar cualquier cuadrante de cualquier sistema, por ejemplo TRE. También crear sus propios cuadrantes o simplemente abordar un aspecto en particular siguiendo su propio criterio o necesidades.

Por ejemplo: Pienso en *Rodilla de Fulano* y el péndulo empieza a trabajar, realizando todas las acciones necesarias.

Al cambiar de estado un sistema se transforma la mínima energía posible.

Principio de Maupertui Hamilton

Cuadrantes Mentales

Un Cuadrante Mental es un tipo de cuadrante característico de **Nuestro Método**, el cual consiste en una representación mental, en lo general dinámica, de cualquier cuadrante ajustado instantáneamente a las necesidades del momento.

Esto conlleva toda una serie de ventajas:

Operación independiente de su tamaño: No estamos supeditados a unas medidas particulares para el cuadrante. No se requiere una mesa o una tabla para colocarlo, está y funciona en *nuestra mente*.

Siempre disponibles: Si tienes mente, entonces tienes todos los cuadrantes creados o por crearse.

Opciones Ilimitadas: Armas tu cuadrante según tus necesidades en el mismo momento.

Elevación de Plano: Escapan a las influencias magnéticas, geodésicas, telúricas, etc. No requieren de orientación geomagnética.

Rapidez, dinamismo, versatilidad.

Y algunas desventajas:

No compartimos visualmente el Cuadrante con otros presentes.

Los Cuadrantes muy largos o elaborados son exigentes de manejar para la mayoría.

Péndulo de respaldo

Existen varias razones para tener un péndulo de respaldo, principalmente si el mismo es una parte usual de nuestro arsenal sanador.

Por ejemplo el péndulo se puede extraviar o perder la consagración, y encontrarnos con que necesitamos hacer una sesión prospectiva o de sanación, y no tenemos el péndulo o tenemos uno sin consagrar, en este momento la utilidad del respaldo se hace evidente; Seria muy inteligente tenerlo con antelación y no esperar que nos ocurra una situación como esta.

Al igual que otras herramientas sanadoras, en escasas ocasiones, el péndulo puede "irse", esto ocurre con la súbita desaparición del mismo sin explicación plausible, como robo o extravío, sencillamente ¡ya no está! Este es también uno de los orígenes de los péndulos encontrados. Cuando el péndulo se va, pierde en el ínterin la consagración, así sea trancada, sin embargo el "kilometraje" se conserva.

También existe la "pausa o paréntesis". En este caso el péndulo se desaparece por un tiempo determinado, volviendo a aparecer.

Otro caso, particularmente con los péndulos de cristal, vidrio o cerámica, es el "sacrificio", cuando ocurre este sacrificio el péndulo se revienta, estallando la masa y por tanto quedamos sin péndulo para seguir trabajando, en **Nuestro Método** esto ocurre muy pocas veces durante toda la vida del operador, y a la mayoría nunca les pasa.

Ruta Optima

La ruta óptima es un concepto implícito de **Nuestro Método** y forma parte de los recortes/aceleraciones. En las transiciones de un movimiento a otro, se sigue una ruta óptima. No hay pérdida de tiempo o de energía.

Cuando en un cuadrante, determinamos una lista de temas a ser tratados, esta lista vendrá ordenada según las prioridades u orden a seguir para maximizar la eficiencia de la prospección sanadora. Esto ocurre automáticamente por definición del sistema, sin que sea necesario solicitarlo. Todo eso fue dado al momento de la concreción del sistema. Gracias, gracias, gracias Padre/Madre Eterno y Comité de Sanación.

Aceleraciones

La primera aceleración la tuviste cuando recibiste el impulso de la Fuerza Radiónica en **Nuestro Método**.

Otras aceleraciones ocurren al pasar los movimientos de horizontal a vertical y de vertical a invertido.

Re-Programación Emocional Positiva.

De acuerdo al Comité de Sanación, nuestra historia está conformada por varios grandes grupos de hechos, del presente, pasados y futuros, sí leyó bien, *pasados y futuros*, en plural:

Del pasado cierto:

Hechos reales con recuerdos malos, buenos o neutros.

Hechos imaginarios con recuerdos igualmente imaginarios, malos, buenos o neutros.

Hechos imaginarios solapando hechos reales.

Del pasado potencial:

Hechos imaginarios *que pudieron pasar*, igualmente buenos, neutros o malos, estos constituyen el pasado plural, su nombre técnico es ucronías.

Del presente:

Todos los anteriores, que a medida que ocurren, pasan a ser del pasado.

Del futuro:

Hechos imaginarios *que podrían pasar*, también buenos, neutros y malos, estos constituyen el futuro plural, si es el caso.

Entendemos por malos, buenos y neutros, aquellos recuerdos y expectativas que nos generan los respectivos climas emocionales. Los anteriores, a su vez, se dividen en tres grandes grupos, de los cuales los dos primeros requieren ser trabajados prioritariamente:

A) Los recurrentes que se nos vienen con molesta frecuencia, de cualquiera de los tres talantes que sean. Independientemente que parezcan llegar solos o que los invoquemos intencionalmente. Los malos nos atormentan y desgastan, los neutros nos consumen tiempo sin aportar nada, y los buenos ocupan un espacio que podríamos aprovechar más eficientemente.

B) Los cuidadosamente **barridos bajo la alfombra** o evitados *de pensar en eso.*

Y finalmente los ubicados entre estos, en cuanto a frecuencia.

El orden de mayor a menor potencia y efecto en las reprogramaciones, es el siguiente:

Malos, neutros y buenos.

Cada uno de estos, conlleva una forma de trabajarse con ligeras variaciones.

Los malos se transforman en buenos, y en contadas ocasiones en neutros. Los buenos se transforman en mejores y los neutros se pueden transformar en buenos.

Es esta característica la que diferencia la sanación de la programación, siendo esta última una fase ulterior, aunque en la práctica se solapan en varias ocasiones.

Usando el símil del vehículo, la sanación consiste en reparar las diferentes fallas y hacerle mantenimiento, en cambio la programación es más agregar accesorios, cambiar piezas por otras más potentes o eficientes y así. Sobre un área no sanada, tiene poco o ningún sentido reprogramar, es como ponerle turbo a un carro con los cauchos espichados, o un reproductor más moderno a uno que no tiene batería.

Veamos los diferentes ejemplos de casos, antes de entrar en el proceso de re-programación.

María J. tenía un novio ya cerca de establecer compromiso, en el momento de mayor ilusión, fue humillantemente *cachoneada* por el chico, estos hechos fueron recientes, y no puede sacárselos de la cabeza, incluso en las noches, lo que le ocasiona mucho pesar, aparte del mal dormir, como es de esperarse.

Juliana F. cayó en una estafa piramidal, estaba eufórica creyéndose todos los cuentos de riqueza inmediata y fácil, de manera que la realidad la impacto duramente, a nivel financiero y más aún emocional. La vergüenza hizo que al principio no le contara a nadie, y terminó por actuar como si nunca hubiera sucedido, pero solo a nivel superficial, pues la situación la sigue afectando a sus instancias.

A Ricardo K. le robaron el teléfono, y aparte de la pérdida del aparato, no tenía respaldo de su data y contactos, a raíz de lo cual pasó malos ratos. Cuando se acuerda, revive esos malos ratos.

Respectivamente, son hechos reales con malos recuerdos, frecuentes, *olvidados* e intermedios o por disparo; Todo el que ha trabajado con sanación se ha encontrado con cantidades asombrosas de los *cuidadosamente barridos bajo la alfombra.*

Ya con el péndulo operativo, entonces recordamos la situación, no es relevante si el recuerdo es claro, difuso, incompleto, o ausente, ya que esto es solo a nivel superficial y consciente, y la reprogramación actúa en los niveles profundos. En ocasiones la sensación dolorosa llega primero que las imágenes u otros recuerdos, sea como sea, estamos en contacto con el asunto en cuestión.

El Comité sabe exactamente cuál es el asunto y la forma de hacer el trabajo. Nuestro trabajo consiste en **solicitarlo y permitirlo**.

En este punto le pedimos al Comité de Sanación *Vamos a reprogramar.*

Según sea el caso, a veces es necesario hacer alguna pausa de asimilación. Entre cada ciclo el péndulo se detendrá, indicándonoslo de esa manera. Recordamos varias veces la situación hasta que la sensación de malestar asociada desaparezca. Esto puede llevar varias sesiones a veces. Lo hemos vuelto neutro.

Según el ímpetu de cada quien, es posible afrontar una o más situaciones por sesión, aun así el Comité de Sanación no permitirá trabajar sobre más de las que la persona pueda procesar en dicho lapso, pero sí en menos.

P: ¿Puedo guardar péndulos consagrados junto con otros péndulos?

R: Siempre y cuando sean de la misma persona, sí.

P: ¿Hay algún material que NO deba utilizarse en la confección de un Péndulo?

R: Desde luego que sí: Material Radiactivo o toxico, tripas de animales, material producto de profanación u obtenido por hechos de sangre o violencia.

P: ¿Nuestra mente interfiere en las respuestas?

R: Desde luego que sí, cualquier estado mental/emocional alterado u obsesivo, incluido el miedo a la respuesta que se pueda obtener, afectará de manera negativa el resultado de la prospección. Para solventar esa situación está la práctica constante.

P: Me robaron mi péndulo, ¿y ahora?

R: Consiga otro. Nunca dependa de un péndulo en particular.

P: ¿Debo limpiarlo periódicamente en agua con sal?

R: Los Péndulos Consagrados a **Nuestro Método**, son auto limpiantes.

P: ¿Existe un rango de peso idóneo para el péndulo?

R: No en nuestro método. Sin embargo los extremos no son aconsejables, particularmente del lado liviano.

P: ¿Debo hacer limpieza al inicio de una sesión?

R: Los movimientos de inicio o verificación cubren eso y mucho más.

P: ¿Qué hago con mis otros péndulos que no son consagrados?

R: Sirven perfectamente para otras formas de péndulo, también como alternativa, en caso de una improvisación o emergencia. Le sugiero que los mande a consagrar.

P: ¿Cuánto tiempo debe pasar entre una programación y otra?

R: Depende de cada quien, puede ser un día, a veces semanas, la recomendación es dejar asentar cada programación antes de afrontar otra, pero es una decisión individual, el enfoque de *prefiero un solo* *dolor*, es completamente válido. De todas formas el Comité de Sanación no permite exageraciones ni "contraproducencias".

P: ¿En el caso de patrones recurrentes, por cual situación debo empezar la reprogramación?

R: Siempre por la más antigua que puedas recordar, o intuyas que *está allí*. Cada evento sanado, repercute siempre sobre los posteriores.

P: ¿Existe alguna regulación en cuanto al horario en el cual trabajar el péndulo?

R: Absolutamente ninguna.

P: ¿Las respuestas obtenidas, sirven para otro caso de idénticas condiciones?

R: Absolutamente **No**, cada prospección es individual y única.

P: ¿Si una situación se repite, puedo utilizar las respuestas de una prospección anterior de esa misma persona?

R: En cada ocasión se debe hacer su respectiva prospección, las respuestas obtenidas, según las que sean, son válidas por un lapso de tiempo.

P: En mi práctica, suelo comparar mis respuestas con la de mi compañera, eso ¿está bien?

R: Es algo relativo, hay que revisar el fondo de por qué las comparas, sí el resultado es una mejora en tu forma de utilizar el instrumento, está muy bien, pero si notas que aumenta tu falta de auto-confianza o se vuelve una necesidad o mala costumbre el comparar las respuestas, solo estas minando tu desarrollo.

En todo caso, siempre que se hace una comparación de respuestas, es porque priva la duda sobre la o las respuestas arrojadas por la prospección. Estas dudas son naturales al principio, pero es evidente que deben ir disminuyendo a un mínimo, y finalmente terminar por desaparecer.

P: Cuando hago mis prospecciones, percibo las respuestas por medios diferentes al péndulo.

R: Eso no está mal, sin embargo a los fines de profundizar en **Nuestro Método**, es mandatorio que desarrolles las facultades correspondientes al mismo, y no que sean sustituidas por otras que ya traías.

P: Mi péndulo de pronto desapareció, no entiendo.

R: Eso es algo normal en el mundo del péndulo. Ellos *se van* al cumplirse su ciclo con la persona, pueden a veces cambiar de dueño por sí mismos, la Consagración, así sea trancada, no se transfiere con el Péndulo.

P: ¿Qué es eso del paréntesis?

R: El paréntesis ocurre cuando el péndulo desaparece por un lapso de tiempo, este lapso puede variar de días a lustros, según lo disponga el plan divino individual.

P: ¿Hay algún caso en que sea válido pasar la pregunta a otro operador de péndulo?

R: Son casos muy puntuales, por lo general marcados por el Karma, por ejemplo una prospección no autorizada para un operador, puede serlo perfectamente para otro, lo mismo vale para preguntas puntuales dentro de una prospección.

P: Respecto a preguntas para una tercera persona, ¿Cómo es qué, a diferentes operadores nos da respuestas diferentes?

R: Son operadores diferentes con concepciones y creencias distintas, por eso las respuestas son diferentes, a medida que se vuelvan más transparentes, permeando menos la respuesta del Comité de Sanación, estas serán más similares.

P: Cuando en medio de una sanación, deseo detener el péndulo, este *jala* a seguir trabajando ¿A qué se debe esto?

R: Es clara señal de que no es el mejor momento para interrumpir el trabajo, y que la oportunidad debe ser aprovechada. Esto es comunicado kinestésica, cualitativa y visualmente. De todas formas si insistes en detenerte, terminará por hacerlo.

P: ¿Puedo regalar uno de mis péndulos?

R: Sí puede, lo que no es traspasable es la Consagración, el nuevo dueño deberá hacerlo consagrar a su nombre. El "kilometraje" de trabajo del péndulo no se pierde.

Notas

[1] La cámara de carga deriva de la cámara de testigos clásica, puesto que en Nuestro Método esta última quedó en desuso.

[2] Sobre este modelo en **Nuestro Método** evolucionó el péndulo semiautomático.

[3] Uno de los péndulos en desarrollo por mí, que pivotea sobre la mano, es decir por encima.

[4] El aporte es la precipitación/materialización de un objeto desde un plano superior, el transporte es el traslado de un sitio a otro, dentro del mismo plano. No son fenómenos de todos los días.

[5] El cual consiste solo en la línea, sin péndulo, tope ni argolla. La línea auto contiene la masa.

[6] En otras evoluciones durante esta encarnación, logré ignitar cierta llama, la cual permite compartir los propios logros espirituales con otros seres.

[7] Se refiere a ajustar la posición del cuadrante e incluso del operador respecto al Norte magnético de la Tierra, para capiar las interferencias en los movimientos del péndulo, apoyándose por lo general de una brújula; puesto que Nuestro Método es principalmente Mental/Espiritual esta previsión NO es necesaria. Los Cuadrantes pueden ir en cualquier posición respecto a los puntos cardinales, como ocurre de hecho con los cuadrantes mentales que nos son característicos.

[8]Sin embargo, desde que conocí el caso de una madre, que le hizo sanación a su hijo *a diario* durante seis años, y sin ver mejorías parciales en ese transcurso, mi concepto de largo o corto se volvió severamente cuestionable.

[9] No se refiere a Familiares o difuntos sanguíneos, este término se reficrc a Espíritus/Entidades atraídos por *Afinidad Vibracional* al mundo del operador. Derivándose de "familiaridad" y no de "filial".

[10] Deben incluirse en esta línea, los familiares adoptivos, padrinos de bautismo, e incluso amigos de la familia que emocionalmente se consideren tíos o tías, según el grado de injerencia en el Karma del operador.

Acerca del autor

Domingo A. Montes G. es natural del Tigre Edo. Anzoátegui, Venezuela, nació sietemesino e iniciando los 70s; el esoterismo sin ISBN y el Bhaktivedanta Raja Yoga, constituyeron junto con "Condorito" y "Mortadelo y Filemón" entre otros, sus lecturas asiduas apenas estuvo en capacidad de leer de corrido. De la mano de Stephen King y James Clavell adquirió la costumbre de leer tamañas obras de corrido.

Desde temprana edad se sintió atraído por las grandes culturas, sus misterios y sus aspectos espirituales y esotéricos, así como por los avances tecnológicos y científicos, los hechos extraños, la vida extraterrestre y las maravillas de la naturaleza.

Gracias al excelente Karma de practicar el Buddha Dharma, bajo las líneas Zen Soto y Vajrayana Karma Kagyu, junto al criterio inclusivo de la espiritualidad criolla, sistemas variopintos han fructificado, para el bienestar de todos los seres.

Defensor declarado de la Sabiduría Criolla, la autodeterminación de los grupos humanos, y los siete cueros, expone sin egoísmos ni pretensiones, lo que el Cosmos ha puesto a su alcance.

Habiendo ya investigado, ya practicado, ya conocido diversos y contrastantes caminos espirituales, entre ellos: Catolicismo, espiritismo y sincretismo, Magia Blanca, Magia natural, Gnosis en tres sectas, Elan Vital de Guru Maharaji, Disciplina Mental/Ocular de E. Clarck, Metafísica, Cienciología, Programación Neurolingüística, Sukyo Mahikari, Testigos de Jehová, Sistema Vietnamita de Yoga/Sanación, Seichem Reiki, CHIOS HEALING, Sanación Pránica, Artes Marciales, Shiatsu, Yoga del estado del Sueño, entre otros, construcción antisísmica artesanal, Seichem Reiki Master.

Ingeniero en Información – UNITEC.

TSU en Ciencias Gerenciales, M. P. y M. – UNITEC.

Técnico autodidacta en electrónica.

Técnico en Electricidad y Electrodomésticos, Modern Schools.

Técnico de 1ra en Rescate C.L.O.E., botón y diploma de honor al mérito en Vargas.

Construcción antisísmica artesanal hasta dos pisos. SENA Colombia.

Fundador de la Escuela de Energía Superior SHIn Tao (SHIn Tao SEICHEM REIKI).

Fundador de la Biblioteca de Temáticas Espirituales "Retazos en Lontananza", actualmente en formato virtual.

Organizador e impulsor de la "Red de Luz" desde 2005, actualmente "Lista De Sanación".

Fundador del Sistema "Cristales Etéricos de Venezuela".

Fundador del Sistema de Sanación Pirámide Dorada.

Concresionador del sistema de Sanación con Péndulo Consagrado *"Nuestro Método"*.

Fabricante artesanal de Péndulos Consagrados.

Creador del Péndulo de Compresión Astral.

Canalizador de la técnica "Amorosa Secuencia" de la Madre María.

Canalizador de la técnica "Libertad en movimiento".

Canalizador de la técnica "Bendiciones para todos".

Canalizador de la "Meditación en los atributos divinos" del Sr. Krishna.

Concrecionador del sistema: "Superposición éterica arcangélica".

Concrecionador del sistema "El Abrazo Divino".

Concrecionador del sistema "7 Capas".

Concrecionador de Quántica Intensa.

Autor de libros, manuales y artículos sobre sanación, espiritualidad y Zen.

Ponente del ciclo de charlas "Apuntes de Sanación Espiritual" en San Diego.

Iniciado metafísicamente en la orden de ASCLEPIO. (1992)

Iniciado en Budismo Tibetano Vajrayana bajo el nombre Felicidad Incambiable (1999).

Bendición astral directa de Elegua (1995).

Gran Invocación a la Noche Cósmica (2000).

Bendición astral directa de Babalu Aye como sanador (2003).

Entrenado como Canalizador, particularmente Arcangélico desde 2005.

Bautizado astralmente por el Venerable José Gregorio Hernández, como Sanador (2007).

Bendición del Santo Espíritu como Sanador (2009).

Otras obras del mismo Autor

El sentido de la vida, Arian Mc'min&Jhon Colin traducción al castellano.

Siete Capas, fácil muy fácil.

Serie: Apuntes de Sanación Espiritual.

Serie: Manuales técnicos de Seichem Reiki.

Serie: Manuales técnicos de PD.

El Abrazo Divino.

101 mitos, errores y dudas en la práctica de la sanación espiritual.

SHInTao SEICHEM Reiki. El sendero del dragón de fuego.

Serie: Clásicos del Reiki Japonés.

Usui Reiki Hikkei.

Hayashi Reiki Hikkei.

El amado arcángel Cassiel, seño del rayo oro/violeta.

Obras de Miyamoto Musashi no Kami:

Go rin no sho.

Dokku Do.

Heiho Sanjugokayo.

Hyodo Kyo.